Verborgene Worte

VERBORGENE WORTE

Bibliografische Information Der Deutschen Bibliothek

Die Deutsche Bibliothek verzeichnet diese Publikation in der Deutschen Nationalbibliografie; detaillierte bibliografische Daten sind im Internet über http://dnb.ddb.de abrufbar.

Unveränderter Nachdruck der 11. revidierten Auflage der Verborgenen Worte von 2001

D–65719 Hofheim 2004 –161
ISBN 3–87037–418–7

(421–181)

DIE VERBORGENEN WORTE

Aus dem Arabischen

Er ist der Allherrlichste!

Dies ist herabgekommen aus dem Reiche der Herrlichkeit, gesprochen mit der Zunge der Kraft und Macht und einstens offenbart den Propheten. Als Zeichen der Gnade für die Gerechten haben Wir den Wesenskern daraus entnommen und in das Gewand der Kürze gekleidet, damit sie dem Bunde Gottes die Treue halten, Gottes Pfand durch ihr Leben einlösen und im Reiche des Geistes den Edelstein göttlicher Tugend erlangen.

O Sohn des Geistes!
Dies ist Mein erster Rat:
Besitze ein reines, gütiges und strahlendes Herz, damit du unvergängliche Souveränität erlangest, während von Ewigkeit zu Ewigkeit. 1

O Sohn des Geistes!
Von allem das Meistgeliebte ist Mir die Gerechtigkeit. Wende dich nicht ab von ihr, wenn du nach Mir verlangst, und vergiß sie nicht, damit Ich dir vertrauen kann. Mit ihrer Hilfe sollst du mit eigenen Augen sehen, nicht mit denen anderer, und durch eigene Erkenntnis Wissen erlangen, nicht durch die deines Nächsten. Bedenke im Herzen, wie du sein solltest. Wahrlich, Gerechtigkeit ist Meine Gabe und das Zeichen Meiner Gnade. So halte sie dir vor Augen. 2

O Sohn des Menschen!
Verhüllt in Meinem unvordenklichen Sein und in der Urewigkeit Meines Wesens, wußte Ich um Meine Liebe zu dir. Darum erschuf Ich dich, prägte dir Mein Ebenbild ein und offenbarte dir Meine Schönheit. 3

O Sohn des Menschen!
Ich liebte es, dich zu erschaffen, also erschuf Ich dich. Nun liebe du Mich, damit Ich deinen Namen nenne und deine Seele mit dem Geiste des Lebens erfülle. 4

O Sohn des Seins!
Liebe Mich, damit Ich dich liebe. Wenn du Mich nicht liebst, kann Meine Liebe dich niemals erreichen. Erkenne dies, o Diener! 5

O Sohn des Seins!
Dein Paradies ist Meine Liebe. Deine himmlische Heimstatt Wiedervereinigung mit Mir. Tritt ein ohne Zaudern. So wurde es dir in Unserem himmlischen Reich und Unserer erhabenen Herrschaft bestimmt. 6

O Sohn des Menschen!
Wenn du Mich liebst, wende dich ab von dir, und wenn du Mein Wohlgefallen suchst, achte nicht auf deines, damit du in Mir vergehest und Ich ewig lebe in dir. 7

O Sohn des Geistes!
Kein Frieden ist dir beschieden, es sei denn, du entsagst deinem Selbst und wendest dich Mir zu. Denn es ziemt dir, dich Meines Namens zu rühmen und nicht des deinen, dein Vertrauen in Mich zu setzen und nicht in dich, will Ich doch allein und über alles geliebt sein. 8

O Sohn des Seins!
Meine Liebe ist Meine feste Burg. Wer sie betritt, ist sicher und wohlbehütet; wer sich abwendet, wird gewiß in die Irre gehen und verderben. 9

O Sohn des Wortes!
Du bist Meine Burg. Tritt ein, auf daß du sicher wohnest. Meine Liebe ist in dir. Erkenne dies, damit du Mich nahe findest. 10

O Sohn des Seins!
Du bist Meine Lampe, und Mein Leuchten ist in dir. Entnimm daraus dein Licht und suche niemanden als Mich, denn Ich habe dich reich erschaffen und Meine Gunst über dich ergossen. 11

O Sohn des Seins!
Mit den Händen der Macht erschuf Ich dich, mit den Fingern der Kraft formte Ich dich, und Ich barg in dich das Wesen Meines Lichtes. Sei damit zufrieden und suche nichts anderes, denn Mein Werk ist vollkommen und Mein Gebot bindend. Sei dessen gewiß und zweifle nicht. 12

O Sohn des Geistes!
Reich erschuf Ich dich, warum machst du dich selbst arm? Edel erschuf Ich dich, warum erniedrigst du dich selbst? Aus dem Wesen des Wissens gab Ich dir Leben, warum suchst du Erleuchtung bei anderen als Mir? Aus dem Ton der Liebe formte Ich dich, warum befaßt du dich mit anderem? Schaue in dich, daß du Mich in dir findest, mächtig, stark und selbstbestehend. 13

O Sohn des Menschen!
Du bist Mein Besitz, und Mein Besitz vergeht nicht. Warum fürchtest du deine Vergänglichkeit? Du bist Mein Licht, und Mein Licht verlöscht nie. Warum fürchtest du dein Verlöschen? Du bist Meine Herrlichkeit, und Meine Herrlichkeit schwindet nicht. Du bist Mein Gewand, und Mein Gewand veraltet nicht. So bleibe in deiner Liebe zu Mir, damit du Mich im Reiche der Herrlichkeit findest. 14

O Sohn des Wortes!
Wende dein Antlitz Mir zu und entsage allem außer Mir, denn Mein Reich ist beständig und Meine Herrschaft vergeht nicht. Suchtest du einen anderen als Mich, dein Trachten wäre vergeblich, selbst wenn du das Weltall in Ewigkeit durchforschtest. 15

O Sohn des Lichtes!
Vergiß alles außer Mir und werde vertraut mit Meinem Geiste. Dies gehört zum Wesen Meiner Gebote, darum halte dich daran. 16

O Sohn des Menschen!
Laß dir genügen an Mir und suche keinen anderen Helfer, denn keiner außer Mir kann dir jemals genügen. 17

O Sohn des Geistes!
Erbitte nicht von Mir, was Wir nicht für dich wünschen. Sei darum zufrieden mit dem, was Wir für dich bestimmt haben, denn das ist, was dir nützt, wenn du dich damit begnügst. 18

O Sohn der wunderbaren Schau! Einen Hauch Meines Geistes blies Ich dir ein, damit du Mich liebest. Warum hast du Mich verlassen und einen anderen Geliebten begehrt? 19

O Sohn des Geistes! Mein Recht auf dich ist groß und nicht zu vergessen. Meine Gnade für dich ist überreich und nicht zu verschleiern. Meine Liebe wohnt in dir und ist nicht zu verbergen. Mein Licht ist dir offenbar und nicht zu verdunkeln. 20

O Sohn des Menschen!
An den Baum strahlender Herrlichkeit habe Ich dir die erlesensten Früchte gehängt. Warum kehrst du dich ab und gibst dich mit Schlechterem zufrieden? Komm zurück zu dem, was besser für dich ist im Reiche der Höhe. 21

O Sohn des Geistes!
Edel erschuf Ich dich, doch du erniedrigst dich. So erhebe dich zu dem, wozu du erschaffen bist. 22

O Sohn des Höchsten!
Zum Ewigen rufe Ich dich, doch du suchst das Vergängliche. Was ließ dich Unseren Wunsch mißachten und deinem eigenen folgen? 23

O Sohn des Menschen!
Überschreite deine Grenzen nicht und begehre nicht, was dir nicht ziemt. Wirf dich nieder vor dem Antlitz deines Gottes, des Herrn der Macht und Stärke. 24

O Sohn des Geistes!
Protze nicht vor dem Armen, denn Ich führe ihn auf seinem Wege, sehe dich in deinem Jammer und verwerfe dich für alle Zeit. 25

O Sohn des Seins!
Wie konntest du deine eigenen Fehler vergessen und dich mit den Fehlern der anderen befassen? Wer solches tut, ist von Mir verworfen. 26

O Sohn des Menschen!
Sprich nicht über die Sünden anderer, solange du selbst ein Sünder bist. So du dieses Gebot übertrittst, bist du verworfen – dies bezeuge Ich dir. 27

O Sohn des Geistes!
Wisse fürwahr: Wer die Menschen zur Gerechtigkeit ruft und selber frevelt, ist nicht von Mir, selbst wenn er Meinen Namen trüge. 28

O Sohn des Seins!
Mute keiner Seele zu, was andere dir nicht zumuten sollen, und sprich nicht von dem, was du nicht tust. Dies ist Mein Gebot an dich. Gehorche ihm!

29

O Sohn des Menschen!
Verleugne Meinen Diener nicht, wenn er etwas von dir erbittet, denn sein Antlitz ist Mein Antlitz. So schäme dich vor Mir.

30

O Sohn des Seins!
Lege dir selbst jeden Tag Rechenschaft ab, ehe du zur Rechenschaft gezogen wirst. Denn unerwartet kommt der Tod, und dann mußt du deine Taten verantworten. 31

O Sohn des Höchsten!
Den Tod machte Ich dir zum Boten der Freude. Warum bist du traurig? Das Licht erschuf Ich, dich zu erleuchten. Warum verhüllst du dich vor ihm? 32

O Sohn des Geistes!
Mit der freudigen Botschaft des Lichtes grüße Ich dich: Freue dich! Zum Hofe der Heiligkeit rufe Ich dich: Wohne darin, damit du ewig in Frieden lebest! 33

O Sohn des Geistes!
Der Geist der Heiligkeit bringt dir die frohe Botschaft der Wiedervereinigung. Warum bist du traurig? Der Geist der Macht bestätigt dich in Seiner Sache. Warum verhüllst du dich? Das Licht Seines Antlitzes führt dich. Wie kannst du irregehen? 34

O Sohn des Menschen!
Gräme dich nicht, außer du bist Uns ferne; und freue dich nicht, außer du kommst Uns nahe und kehrest zu Uns zurück. 35

O Sohn des Menschen!
Frohlocke vor Herzensfreude, damit du würdig seiest, Mir zu begegnen und Meine Schönheit widerzuspiegeln. 36

O Sohn des Menschen!
Entkleide dich nicht selbst Meines köstlichen Gewandes und verscherze dir nicht deinen Anteil an Meinem wundersamen Quell, daß dich nicht ewig dürste. 37

O Sohn des Seins!
Wandle in Meinen Gesetzen aus Liebe zu Mir und entsage deinen eigenen Wünschen, wenn du Mein Wohlgefallen suchst. 38

O Sohn des Menschen!
Vernachlässige Meine Gebote nicht, wenn du Meine Schönheit liebst, und vergiß Meine Ratschläge nicht, wenn du nach Meinem Wohlgefallen strebst. 39

O Sohn des Menschen!
Durcheile die Weiten des Alls und durchquere die Höhen des Himmels – du wirst doch keine Ruhe finden, außer im Gehorsam gegen Unser Gebot und in der Demut vor Unserem Antlitz. 40

O Sohn des Menschen!
Verherrliche Meine Sache, damit Ich dir die Geheimnisse Meiner Größe offenbare und auf dich strahle mit ewigem Lichte. 41

O Sohn des Menschen!
Sei demütig vor Mir, damit Ich gnädiglich bei dir einkehre. Erhebe dich für den Triumph Meiner Sache, damit du noch auf Erden den Sieg erlangest. 42

O Sohn des Seins!
Gedenke Meiner auf Meiner Erde, damit Ich deiner gedenke in Meinem Himmel. So werden Meine Augen und deine Augen erquickt. 43

O Sohn des Thrones!
Dein Ohr ist Mein Ohr – höre damit; dein Auge ist Mein Auge – schaue damit, auf daß du tief im Herzen Meine höchste Heiligkeit bezeugest und Ich in Mir deine erhabene Stufe bestätige. 44

O Sohn des Seins!
Suche das Martyrium auf Meinem Pfade, zufrieden mit Meinem Wohlgefallen und dankbar für Meine Fügung, damit du mit Mir unter dem Baldachin der Erhabenheit hinter dem Thronzelt der Herrlichkeit ruhest. 45

O Sohn des Menschen!
Denke nach und überlege wohl: Willst du in deinem Bette sterben oder als Märtyrer dein Blut im Staube auf Meinem Pfad vergießen, als Künder Meines Befehls und als Offenbarung Meines Lichtes im erhabensten Paradiese? Entscheide dich richtig, o Diener! 46

O Sohn des Menschen!
Bei Meiner Schönheit! Wenn du dein Haar mit deinem Blute färbst, so ist dies in Meinen Augen größer als die Schöpfung des Weltalls und das Licht beider Welten. Strebe danach, o Diener! 47

O Sohn des Menschen!
Für alles gibt es ein Zeichen. Das Zeichen der Liebe ist Standhaftigkeit in Meinem Ratschluß und Geduld in Meinen Prüfungen. 48

O Sohn des Menschen!
Der aufrichtig Liebende sehnt sich nach Drangsal wie der Empörer nach Vergebung und der Sünder nach Erbarmen. 49

O Sohn des Menschen!
Wenn dich auf Meinem Pfad keine Trübsal befiele, wie könntest du die Wege derer beschreiten, die mit Meinem Wohlgefallen zufrieden sind? Und wenn keine Prüfungen dich heimsuchten in deiner Sehnsucht nach Mir, wie könntest du dann das Licht in deiner Liebe zu Meiner Schönheit erlangen? 50

O Sohn des Menschen!
Meine Trübsal ist Meine Vorsehung. Äußerlich ist sie Feuer und Züchtigung, zuinnerst aber Licht und Gnade. Eile ihr entgegen, auf daß du ein ewiges Licht und ein unsterblicher Geist werdest. Dies ist Mein Gebot an dich, beachte es! 51

O Sohn des Menschen!
Ist Wohlstand dir beschieden, so juble nicht, und ist Erniedrigung dein Los, so gräme dich nicht; denn beides wird vergehen und nicht mehr sein. 52

O Sohn des Seins!
Kehrt Armut bei dir ein, so traure nicht, denn einst wird der König des Reichtums Einkehr halten bei dir. Fürchte nicht die Erniedrigung, denn Herrlichkeit wird dich einstmals umgeben.
53

O Sohn des Seins!
Wenn du dein Herz auf das zeitlose, unvergängliche Reich und das urewige Leben richtest, dann entsage der sterblichen, flüchtigen Herrschaft!
54

O Sohn des Seins!
Nicht auf diese Welt richte dein Sinnen und Trachten, denn im Feuer prüfen Wir das Gold und mit Gold prüfen Wir Unsere Diener. 55

O Sohn des Menschen!
Du verlangst nach Gold, und Ich wünsche, daß du dich von ihm lösest. Du wähnst dich reich in seinem Besitz, wo Ich in der Heiligung davon deinen Reichtum sehe. Bei Meinem Leben! Dies ist Mein Wissen, jenes dein Wahn – wie paßt beides zueinander? 56

O Sohn des Menschen!
Spende Meinen Reichtum Meinen Armen, damit du im Himmel aus der Fülle nie verblassenden Glanzes und den Schätzen unvergänglicher Herrlichkeit schöpfest. Aber bei Meinem Leben: Mir deine Seele darzubringen, ist weit herrlicher – könntest du doch mit Meinen Augen sehen! 57

O Sohn des Menschen!
Der Tempel des Seins ist Mein Thron. Reinige ihn von allem, damit Ich darin wohne und bleibe. 58

O Sohn des Seins!
Dein Herz ist Meine Wohnstatt. Heilige es für Mein Kommen. Dein Geist ist der Ort Meines Erscheinens. Läutere ihn für Meine Offenbarung. 59

O Sohn des Menschen!
Stecke die Hand in den Busen* Meines Gewandes, auf daß Ich Mich leuchtend und strahlend über dir erhebe. 60

* Jaib; vgl. 2. Mose 4:6, Qur'án 27:12

O Sohn des Menschen!
Erhebe dich zu Meinem Himmel, daß dir die Freude der Wiedervereinigung widerfahre, und trinke den unvergleichlichen Wein aus dem Kelche immerwährender Herrlichkeit. 61

O Sohn des Menschen!
Viele deiner Tage sind dahingegangen, und es galt dir nur das eigene Verlangen voll Wunsch und Wahn. Wie lange noch willst du auf deinem Lager schlafen? – Wache auf, denn hoch am Mittag steht die Sonne und will auch dir mit dem Licht der Schönheit scheinen! 62

O Sohn des Menschen!

Dir strahlt das Licht vom Horizont des heiligen Berges, und der Geist der Erleuchtung weht im Sinai deines Herzens. So befreie dich von den Schleiern eitlen Wahns und komm an Meinen Hof, auf daß du tauglich werdest zu ewigem Leben und würdig, Mir zu begegnen. Der Tod wird dann nicht über dich kommen, noch Schwäche und Verdruß. 63

O Sohn des Menschen!
Meine Ewigkeit ist Meine Schöpfung; für dich erschuf Ich sie. Mache sie zum Gewande deines Tempels. Meine Einheit ist Mein Werk; um deinetwillen erschuf Ich sie. Bekleide dich damit, auf daß du für immer die Offenbarung Meines ewigen Wesens werdest. 64

O Sohn des Menschen!
Meine Erhabenheit ist Meine Gabe an dich, Meine Größe das Zeichen Meines Erbarmens. Was Mir gebührt, wird niemand verstehen und keiner beschreiben. Wahrlich, in den Gewölben Meiner Geheimnisse und den Schatzkammern Meines Gebotes verwahre ich sie zum Zeichen Meiner Gunst für Meine Diener und Meiner Barmherzigkeit für Mein Volk. 65

O Kinder des göttlichen, unsichtbaren Wesens!
Ihr werdet gehindert sein, Mich zu lieben, und die Seelen werden verstört, wenn sie Meiner gedenken; denn die Vernunft kann Mich nicht begreifen und das Herz Mich nicht fassen. 66

O Sohn der Schönheit!
Bei Meinem Geist und Meiner Gunst! Bei Meinem Erbarmen und Meiner Schönheit! Alles, was Ich dir in der Sprache der Macht offenbarte und mit der Feder der Kraft niederschrieb, entspricht deiner Fähigkeit und deinem Verständnis, nicht Meiner Stufe und Meiner Weise. 67

O Menschenkinder!
Wißt ihr, warum Wir euch alle aus dem gleichen Staub erschufen? Damit sich keiner über den anderen erhebe. Bedenket allzeit in eurem Herzen, wie ihr erschaffen seid. Da Wir euch alle aus dem gleichen Stoff erschufen, ziemt es euch, wie eine Seele zu sein, auf selbem Fuße zu wandeln, in gleicher Weise zu essen und im selben Lande zu wohnen, auf daß aus eurem innersten Wesen durch eure Werke die Zeichen der Einheit und das Wesen der Loslösung offenbar werden. Solches rate Ich euch, o Scharen des Lichts. Achtet wohl auf diesen Rat, damit ihr die heiligen Früchte vom Baume wundersamer Herrlichkeit erlanget. 68

O ihr Söhne des Geistes!
Ihr seid Meine Schatzkammer, denn in euch legte Ich die Perlen Meiner Geheimnisse und die Edelsteine Meines Wissens. Behütet sie vor den Fremdlingen unter Meinen Dienern und vor den Frevlern in Meinem Volk. 69

O Sohn Dessen, der durch Sein Wesen im Reiche Seines Selbstes stand!
Wisse, daß Ich alle Düfte der Heiligkeit zu dir strömen ließ, dir Mein Wort gänzlich offenbarte, Meine Großmut durch dich vollendete und für dich nur wünsche, was Ich für Mich selbst wünsche. Sei darum zufrieden mit Meinem Wohlgefallen und sei Mir dankbar. 70

O Sohn des Menschen!
Schreibe, was Wir dir offenbarten, mit der Tinte des Lichts auf die Tafel deines Geistes. Wenn du dies nicht vermagst, so mache das Wesen deines Herzens zu deiner Tinte. Bist du auch dazu außerstande, dann schreibe mit der roten Tinte, die auf Meinem Pfade vergossen ward, auf daß ihr Licht ewig leuchte. Wahrlich, schöner ist sie Mir als alles andere. 71

DIE VERBORGENEN WORTE

Aus dem Persischen

Im Namen des machtvollen Sprechers!

O Menschen mit Verstand zu verstehen und mit Ohren zu hören! Dies ist der erste Ruf des Geliebten: O mystische Nachtigall! Nur im Rosengarten des Geistes suche deinen Ruheplatz! O Bote des Salomo der Liebe! Nur im Sabá* des Vielgeliebten suche deine Zuflucht! O unsterblicher Phönix! Nur auf dem Berge der Treue lasse dich nieder! Da ist deine Wohnstatt, wenn du dich auf den Schwingen deiner Seele zum Reich des Raumlosen erhebst und dich aufmachst, dein Ziel zu erreichen. 1

* vgl. Qur'án 27:15-44; 34:15

O Sohn des Geistes!
Der Vogel sucht sein Nest, die Nachtigall den Zauber der Rose. Die Menschenherzen aber sind wie Vögel, die, zufrieden mit vergänglichem Staub, fern ihrem ewigen Neste in die Irre gehen. Auf den Sumpf der Achtlosigkeit starrend, sind sie der Herrlichkeit der göttlichen Gegenwart beraubt. Ach, wie seltsam, wie traurig! Um eines Bechers willen wenden sie sich ab von den wogenden Meeren des Allhöchsten und bleiben dem strahlendsten Horizonte fern. 2

O Freund!
Nur der Liebe Rose pflanze in deines Herzens Garten und laß nicht ab von der Nachtigall der Zuneigung und der Sehnsucht. Hoch schätze den Umgang mit den Gerechten, und halte dich fern von der Gesellschaft der Frevler. 3

O Sohn der Gerechtigkeit!
Wohin kann ein Liebender gehen außer ins Land seines Geliebten? Und welcher Sucher fände Ruhe fern der Sehnsucht seines Herzens? Für den aufrichtig Liebenden ist Vereinigung Leben und Trennung Tod. Seine Brust kennt keine Geduld, sein Herz keinen Frieden. Tausend Leben gäbe er hin, um zur Wohnstatt seines Geliebten zu eilen. 4

O Sohn des Staubes!
Wahrlich, Ich sage dir: Der nachlässigste aller Menschen ist, wer unnütz streitet und sich über seinen Bruder zu erheben trachtet. Sprich: O Brüder! Laßt Taten, nicht Worte eure Zier sein! 5

O Sohn der Erde!
Wisse wahrlich: Ein Herz, darinnen noch die leiseste Spur von Neid verbleibt, soll niemals in Mein ewiges Reich gelangen noch die süßen Düfte der Heiligkeit atmen, die aus Meinem hochheiligen Reiche wehen. 6

O Sohn der Liebe!
Nur ein Schritt trennt dich von den herrlichen Höhen über dir und vom himmlischen Baum der Liebe. Tue diesen Schritt, und mit dem nächsten tritt ein in das Reich der Unsterblichkeit, in der Ewigkeit Zelt. Alsdann lausche dem, was die Feder der Herrlichkeit offenbarte. 7

O Sohn der Herrlichkeit!
Eile voran auf dem Pfade der Heiligkeit und tritt ein in den Himmel der Gemeinschaft mit Mir. Läutere dein Herz mit der Flamme des Geistes und eile zum Hofe des Allhöchsten. 8

O vergänglicher Schatten!
Des Zweifels niedre Stufen lasse hinter dir und schwinge dich empor zu den erhabnen Höhen der Gewißheit. Öffne der Wahrheit Auge, die unverschleierte Schönheit zu schauen und laut zu rufen: Geheiligt sei der Herr, der vortrefflichste aller Schöpfer! 9

O Sohn der Leidenschaft!
Höre: Sterbliche Augen werden die ewige Schönheit niemals erkennen, und das leblose Herz wird sich nur der welken Blüte erfreuen. Denn Gleiches sucht Gleiches und gesellt sich gern zu seiner Art. 10

O Sohn des Staubes!
Werde blind, damit du Meine Schönheit schauest, werde taub, damit du den lieblichen Klang Meiner Stimme hörest. Leg ab alle Gelehrsamkeit, damit du an Meinem Wissen teilhabest. Löse dein Herz vom Besitz, damit du aus dem Meer Meines ewigen Reichtums einen bleibenden Anteil gewinnest. Werde blind, das heißt für alles außer Meiner Schönheit. Werde taub für alles außer Meinem Wort. Lege alle Gelehrsamkeit ab außer Meiner Erkenntnis, so daß du mit klarem Auge, reinem Herzen und wachem Ohr an Meiner Heiligkeit Hof gelangest. 11

O Mensch mit zweierlei Sehvermögen!
Schließe ein Auge und öffne das andere. Schließe das eine vor der Welt und allem, was darinnen ist, und öffne das andere für die geheiligte Schönheit des Geliebten. 12

O Meine Kinder!
Ich fürchte, so ihr nicht das Lied der Himmelstaube vernehmt, sinkt ihr in den Schatten völligen Vergessens, und ohne auf der Rose Schönheit zu blicken, kehrt ihr zurück zu Wasser und Staub. 13

O Freunde!
Verschachert nicht die ewige Schönheit um vergänglicher Schönheit willen, und hängt nicht euer Herz an die sterbliche Welt des Staubes. 14

O Sohn des Geistes!
Es kommt die Zeit, da die Nachtigall der Heiligkeit die inneren Geheimnisse nicht mehr enthüllt und ihr der himmlischen Weise und der göttlichen Stimme beraubt sein werdet. 15

O du Wesen der Achtlosigkeit!
Tausend mystische Zungen sprechen in einer Sprache, und tausend verborgene Geheimnisse werden in einem Lied offenbar; aber ach, kein Ohr ist da, welches hört, und kein Herz, das versteht. 16

O Gefährten!
Die Tore zum Raumlosen stehen offen, und die Wohnstatt des Geliebten ist geschmückt mit der Liebenden Blut, doch bis auf wenige sind alle von dieser himmlischen Stadt ausgeschlossen, und selbst von diesen ward nur eine winzige Handvoll als reinen Herzens und geheiligten Geistes befunden. 17

O ihr Bewohner des höchsten Paradieses!
Verkündet den Kindern der Gewißheit, daß in den Reichen der Heiligkeit, nahe dem himmlischen Paradiese, ein neuer Garten erschien, den die Bewohner des Reiches der Höhe umkreisen und die Unsterblichen, die im erhabenen Paradiese wohnen. So mühet euch, zu diesem Orte zu gelangen, um aus seinen Anemonen Mysterien der Liebe zu enträtseln und aus seinen ewigen Früchten das Geheimnis göttlicher, vollendeter Weisheit zu erkennen. Getröstet sind die Augen derer, die eintreten und darinnen wohnen! 18

* Anísá, der „göttliche Lotosbaum“, der „Baum des Lebens“

O Meine Freunde!
Habt ihr den wahren, strahlenden Morgen vergessen, da ihr alle im heiligen, seligen Gefilde um Mich versammelt wart, unter dem Schatten des Lebensbaumes*, gepflanzt im allherrlichen Paradiese? Ehrfurchtsvoll lauschtet ihr, als Ich diese drei hochheiligen Verse sprach: O Freunde! Zieht euren Willen nicht dem Meinen vor, begehrt nichts, was Ich nicht für euch wünsche, und naht Mir nicht mit leblosem Herzen, besudelt mit weltlichen Wünschen und Begierden. Wolltet ihr nur eure Seelen heiligen, ihr würdet euch sogleich dieses Ortes und Gefildes erinnern; die Wahrheit Meiner Rede wäre dann euch allen offenbar. 19

Auf der achten der heiligsten Zeilen, auf der fünften Tafel des Paradieses, sagt Er:

O ihr, die ihr Toten gleich auf dem Lager der Achtlosigkeit liegt! Zeitalter sind vergangen, euer kostbares Leben naht sich dem Ende, doch kein reiner Hauch gelangte von euch zu Unserem Hof der Heiligkeit. Im Meer des Unglaubens versunken, bekennt ihr doch mit den Lippen den einen, wahren Glauben an Gott. Den Ich verabscheue, liebt ihr, und Meinen Feind habt ihr euch zum Freund genommen. Gleichwohl wandelt ihr eitel und selbstzufrieden auf Meiner Erde, nicht gewahr, wie überdrüssig sie eurer ist und alles darinnen euch flieht. Wolltet ihr nur die Augen öffnen, fürwahr, ihr zöget tausend Trübsale dieser Freude vor und hieltet selbst den Tod für besser als solches Leben. 20

O wandelnde Gestalt aus Staub! Ich wünsche Gemeinschaft mit dir, du aber hast kein Vertrauen zu Mir. Mit dem Schwerte deiner Empörung hast du den Baum deiner Hoffnung gefällt. Allezeit bin Ich dir nahe, doch du bist Mir immer fern. Unvergängliche Herrlichkeit habe Ich dir zugedacht, doch maßlose Schmach hast du dir gewählt. Kehre um, da noch Zeit ist, und nutze die Stunde! 21

O Sohn der Leidenschaft!
Gelehrte und Weise haben lange Jahre vergebens versucht, die Gegenwart des Allherrlichen zu erlangen. Sie verbrachten ihr Leben auf der Suche nach Ihm, und doch haben sie die Schönheit Seines Antlitzes nicht geschaut. Du aber gelangtest ohne Mühe zum Ziel; ohne zu suchen, fandest du das Ziel deiner Sehnsucht. Und doch bliebest du vom Schleier deines Selbstes so verhüllt, daß deine Augen des Geliebten Schönheit nicht sahen und deine Hand den Saum Seines Gewandes nicht berührte. Wer Augen hat, der schaue und wundere sich! 22

O Bewohner der Stadt der Liebe! Tödliche Stürme bedrängen die ewig leuchtende Kerze, und schwarzer Staub verhüllt die Schönheit des himmlischen Jünglings. Der höchste König der Liebe wird unterdrückt vom Volk der Tyrannei, und der Heiligkeit Taube liegt gefangen in den Krallen von Eulen. Die Bewohner des Zeltes der Herrlichkeit und die himmlischen Heerscharen weinen und klagen, während ihr im Lande der Nachlässigkeit ruht und euch dennoch zu den aufrichtigen Freunden zählt. Wie leer ist euer Wahn! 23

O ihr Toren, die ihr für weise geltet!
Warum verkleidet ihr euch als Hirten, da ihr doch innerlich zu Wölfen wurdet, die nach Meiner Herde trachten? Ihr gleicht dem Stern, der scheinbar hell und strahlend vor des Morgens Dämmern aufgeht und die Pilger zu Meiner Stadt in die Irre und auf den Pfad des Verderbens leitet. 24

O ihr scheinbar Untadeligen, doch innerlich Verderbten!
Ihr gleicht reinem, bitterem Wasser, das äußerlich kristallklar scheint, von dem aber bei der Probe durch den göttlichen Prüfer nicht ein Tropfen angenommen wird. Ja, der Sonnenstrahl fällt gleicherweise auf den Staub wie auf den Spiegel, doch in ihrem Widerschein unterscheiden sie sich wie der Stern von der Erde – nein, unermeßlich ist der Unterschied! 25

O Mein Freund dem Worte nach! Denke ein wenig nach! Hast du jemals gehört, daß Freund und Feind im selben Herzen wohnen? So vertreibe den Fremdling, daß der Freund in Seine Wohnung Einzug halte. 26

O Sohn des Staubes!
Alles im Himmel und auf Erden habe Ich dir bestimmt außer dem Menschenherzen, das Ich Meiner Schönheit und Herrlichkeit zur Wohnstatt bereitete. Du aber hast Meine Wohnung und Mein Heim einem anderen überlassen. Wann immer der Offenbarer Meiner Heiligkeit Seine Wohnstatt suchte, fand Er da einen Fremden; heimatlos eilte Er zurück zu des Geliebten Heiligtum. Dennoch verbarg Ich dein Geheimnis und wünschte nicht deine Schande. 27

O Wesen der Leidenschaft! Wie oft kam Ich zur Dämmerstunde aus den Reichen des Raumlosen zu deiner Wohnung und fand dich auf dem Lager der Muße mit anderem beschäftigt als mit Mir. Da kehrte Ich dem Blitzstrahl des Geistes gleich zu den Reichen himmlischer Herrlichkeit zurück. Den Heerscharen der Heiligkeit an Meinem Ruhesitz droben verriet Ich nichts. 28

O Sohn der Großmut!
Aus den Wüsten des Nichtseins formte Ich dich durch den Lehm Meines Befehls. Ich befahl allen Atomen des Seins und dem Wesen alles Erschaffenen, dich zu erziehen. Noch ehe du aus deiner Mutter Schoß entbunden warst, bestimmte Ich dir zwei Quellen heller Milch, Augen, über dich zu wachen, und Herzen, dich zu lieben. Voll Güte nährte Ich dich im Schatten Meines Erbarmens und wachte über dir durch das Wesen Meiner Gnade und Gunst. Dies alles tat Ich, damit du in Mein immerwährendes Reich gelangest und Meiner unsichtbaren Gaben würdig werdest.

Du aber bliebst achtlos. Herangereift mißachtetest du all Meine Gaben, befangen in deinem eitlen Wahn, so daß du alles vergaßest, dich vom Tore des Freundes abwandtest und am Hofe Meines Feindes Wohnung nahmst.

29

O Sklave dieser Welt!
Zu mancher Morgenstunde wehte der Hauch Meiner Güte über dich hin und fand dich tief schlafend auf dem Lager der Achtlosigkeit. Weinend über deinen Zustand, kehrte er zurück, woher er gekommen. 30

O Sohn der Erde!
Wenn du Mich begehrst, suche niemanden außer Mir. Willst du Meine Schönheit schauen, so schließe deine Augen vor der Welt und allem, was darinnen ist. Denn Mein Wille und der Wille eines anderen sind wie Feuer und Wasser; sie können nicht im selben Herzen wohnen. 31

O Fremdling, dem Freundschaft erwiesen wird!
Die Kerze deines Herzens ist durch die Hand Meiner Macht entzündet. Lösche sie nicht durch die widrigen Winde der Selbstsucht und der Leidenschaft. Meiner zu gedenken, ist dein Heil in allen Gebrechen; vergiß dies nicht. Mache Meine Liebe zu deinem Schatz und hege sie wie dein Augenlicht und dein Leben. 32

O Mein Bruder!
Horch auf Meiner Zunge sanftes Wort und trinke den mystischen Strom* von Meinen süßen Lippen. Säe den Samen Meiner göttlichen Weisheit in deines Herzens reinen Grund und begieße ihn mit dem Wasser der Gewißheit, damit in der geheiligten Stadt deines Herzens die Hyazinthen Meiner Erkenntnis und Weisheit frisch und grün emporsprießen. 33

* Salsabíl, vgl. Qur'án 76:18

O ihr Bewohner Meines Paradieses!
In den heiligen Paradiesgarten habe Ich mit gütigen Händen den jungen Baum eurer Liebe und Freundschaft gepflanzt; mit den erquickenden Schauern Meiner zärtlichen Gnade habe Ich ihn begossen. Nun, da er Früchte bringen soll, sehet zu, daß er behütet bleibe und nicht flammende Begierde und Leidenschaft ihn verzehre. 34

O Meine Freunde!
Löschet die Lampe des Irrtums und entzündet in eurem Herzen die ewig brennende Fackel göttlicher Führung. Denn bald werden die Prüfer der Menschheit in der heiligen Gegenwart des Angebeteten nichts annehmen als reinste Tugend und makellose, heilige Taten. 35

O Sohn des Staubes!
Die Weisen sind, die nicht reden, ehe sie Gehör finden, gleich wie der Mundschenk seinen Kelch nicht reicht, ehe er einen Dürstenden trifft, und der Liebende nicht aus tiefster Seele ruft, ehe er des Geliebten Schönheit schaut. So säe die Saat der Weisheit und Erkenntnis in des Herzens reine Erde und halte sie verborgen, bis die Hyazinthen göttlicher Weisheit aus dem Herzen aufsprießen und nicht aus Schlamm und Lehm. 36

In der ersten Zeile der Tafel ist folgendes aufgezeichnet und niedergeschrieben, im Heiligtum der Stiftshütte Gottes ist es verwahrt:

O Mein Diener!
Tausche die ewige Herrschaft nicht ein für das, was vergeht, und verschleudere nicht die himmlische Souveränität wegen eines weltlichen Wunsches. Hier ist der Strom ewigen Lebens, der aus dem Urquell der Feder des Allbarmherzigen fließt. Wohl denen, die da trinken! 37

O Sohn des Geistes!
Zerbrich den Käfig und dem Phönix der Liebe gleich schwinge dich auf in den Himmel der Heiligkeit. Entsage dem Selbst und ruhe, erfüllt vom Geist der Gnade, im Reiche himmlischer Reinheit. 38

O Sproß des Staubes!
Sei nicht zufrieden mit der Muße eines schwindenden Tages und beraube dich nicht der ewigen Ruhe. Verschachere nicht den Garten ewiger Freude um das Häuflein Staub einer sterblichen Welt. Erhebe dich aus deinem Gefängnis zu den herrlichen Gefilden der Höhe und nimm deinen Flug aus dem vergänglichen Käfig hin zum Paradies des Raumlosen. 39

O Mein Diener!
Befreie dich aus den Banden dieser Welt und löse deine Seele aus dem Gefängnis des Selbstes. Ergreife die Gelegenheit, denn niemals kehrt sie wieder. 40

O Sohn Meiner Magd!
Erschautest du das ewige Reich, so strebtest du danach, dieser vergänglichen Welt zu entsagen. Doch daß das eine dir verborgen, die andere dir offenbar ward, ist ein Mysterium, das nur versteht, wer reinen Herzens ist. 41

O Mein Diener!
Reinige dein Herz von Bosheit, und frei von Neid tritt ein in der Heiligkeit himmlischen Hof. 42

O Meine Freunde!
Auf Pfaden wandelt, die dem Freunde wohlgefallen, und wißt, Sein Wohlgefallen ist das Wohlgefallen Seiner Geschöpfe. Das heißt: Niemand betrete seines Freundes Haus, wenn es dem Freunde nicht wohlgefällt, noch lege er Hand an dessen Schätze oder ziehe den eigenen Willen dem des Freundes vor und versuche, ihn zu übervorteilen. Denket darüber nach, die ihr einsichtig seid! 43

O Gefährte Meines Thrones!

Höre nichts Schlechtes und sieh nichts Schlechtes, erniedrige dich nicht, seufze und weine nicht! Sprich nichts Schlechtes, auf daß du nichts Schlechtes hörest, und vergrößere die Fehler anderer nicht, damit deine eigenen Fehler nicht groß erscheinen. Wünsche keinem Menschen Erniedrigung, damit deine eigene Niedrigkeit nicht offenkundig werde. Alsdann verbringe deine Lebenstage, die weniger sind als ein flüchtiger Augenblick, mit makellosem Gemüt, unbeflecktem Herzen, reinen Gedanken und geheiligtem Wesen, damit du die irdische Hülle frei und zufrieden ablegen, zum mystischen

Paradiese Zuflucht nehmen und im ewigen Königreiche wohnen kannst immerdar.

44

Wehe, wehe euch, die ihr Irdisches liebt und begehrt!
Schnell wie der Blitz seid ihr am Geliebten vorübergeeilt und habt eure Herzen an teuflischen Trug gehängt. Vor leerem Wahn beugt ihr das Knie und nennt ihn Wahrheit. Auf den Dorn blicket ihr und nennt ihn Blume. Kein reiner Hauch ging von euch aus; kein Duft der Loslösung stieg aus den Auen eurer Herzen. Den liebenden Rat des Geliebten habt ihr in den Wind geschlagen und völlig von der Tafel eures Herzens getilgt. Und wie die Tiere auf dem Felde fristet ihr euer Dasein auf den Weiden der Lust und Leidenschaft. 45

O Brüder auf dem Pfade!
Warum vernachlässigt ihr des Geliebten Gedenken und haltet euch fern Seiner heiligen Gegenwart? Das Wesen der Schönheit thront im unvergleichlichen Zelt auf dem Sitze der Herrlichkeit, und ihr gebt euch ab mit sinnlosem Streit. Der süße Duft der Heiligkeit strömt, der Hauch der Großmut weht, doch ihr seid alle vom Schnupfen befallen und habt nicht daran teil. Wehe euch und denen, die auf euren Wegen wandeln und euren Spuren folgen! 46

O Kinder der Leidenschaft!
Legt ab der Hoffart Gewand und befreit euch aus dem Kleide des Hochmuts. 47

Auf der dritten hochheiligen Zeile, welche die Feder des Unsichtbaren auf der Rubinroten Tafel niederschrieb und aufzeichnete, wurde offenbart:

O Brüder!
Habt Nachsicht miteinander und hängt euer Herz nicht an die Welt. Rühmt euch nicht eurer Herrlichkeit und schämt euch nicht eurer Erniedrigung. Bei Meiner Schönheit! Aus Staub habe Ich alle Dinge erschaffen und dem Staube werde Ich sie wieder zurückgeben. 48

O Kinder des Staubes!
Berichte dem Reichen von des Armen Seufzer um Mitternacht, daß Achtlosigkeit ihn nicht auf den Pfad des Verderbens leite und er sich so den Baum wahren Reichtums verscherzt. Freigebigkeit und Großmut sind Meine Zeichen. Wohl dem, der den Schmuck Meiner Tugenden anlegt! 49

O du Inbegriff der Leidenschaft!
Leg ab alle Habsucht und strebe nach Genügsamkeit, denn der Gierige bleibt immer fern, der Genügsame aber wird immer geliebt und gelobt. 50

O Sohn Meiner Magd!
Sei nicht bekümmert in Armut noch selbstsicher im Reichtum, denn auf Armut folgt Reichtum und auf Reichtum Armut. Aber Armut in allem außer Gott ist eine wundersame Gabe. Achte sie nicht gering, denn am Ende wird sie dich reich machen in Gott. Du wirst die Bedeutung des Verses erkennen: „Wahrlich, ihr seid die Armen“*, und die heiligen Worte: „Gott ist der Allbesitzende“* werden dem Liebenden wie der wahre Morgen herrlich strahlend am Horizont seines Herzens aufleuchten. Dann wirst du sicher auf des Reichtums Throne weilen. 51

* Qur’án 35:15

O Kinder der Achtlosigkeit und Leidenschaft!
Meinen Feind habt ihr in Mein Haus eingelassen und Meinen Freund habt ihr daraus verstoßen, denn ihr wahrt in euren Herzen statt Meiner die Liebe zu einem anderen als Mir. Hört auf die Rede des Freundes und wendet euch Seinem Paradiese zu. Weltlich gesonnene Freunde halten zusammen aus Eigennutz, aber der wahre Freund liebt euch um eurer selbst willen. Fürwahr, zu eurer Führung hat Er unzählige Leiden getragen. Seid nicht treulos zu einem solchen Freund, nein, eilt Ihm entgegen. Also erhebt sich das Wort der Wahrheit und der Treue wie die

Morgensonne am Horizont der Feder des Herrn aller Namen. Öffnet eure Ohren, das Wort Gottes zu vernehmen, des Helfers in Gefahr, des Selbstbestehenden. 52

O ihr, die ihr euch vergänglichen Reichtums brüstet!
Wisset fürwahr, daß Reichtum eine mächtige Schranke ist zwischen dem Sucher und seinem Verlangen, dem Liebenden und seinem Geliebten. Nur wenige Reiche werden zum Hofe Seiner Gegenwart gelangen, nur wenige werden die Stadt der Genügsamkeit und des Verzichts betreten. Gut steht es deshalb um den Reichen, den der Reichtum nicht vom ewigen Königreich fernhält noch der unvergänglichen Herrschaft beraubt! Beim Größten Namen! Der Glanz eines solchen Reichen soll die Himmelsbewohner so erleuchten, wie die Sonne dem Erdenvolk Licht spendet. 53

O ihr Reichen auf Erden!
Die Armen in eurer Mitte sind Mein Pfand; hütet Mein Pfand und trachtet nicht nur nach eurem Wohlergehen. 54

O Sohn der Leidenschaft!
Reinige dich vom Staub des Reichtums und betritt in vollkommenem Frieden die Reiche der Armut; dort wirst du aus dem Quell der Loslösung den Wein ewigen Lebens trinken. 55

O Mein Sohn!
Die Gesellschaft der Frevler vermehrt das Leid, die Gemeinschaft mit den Gerechten aber löst den Rost vom Herzen. Wer Gemeinschaft mit Gott sucht, der nehme Zuflucht bei Seinen Geliebten, und wer Gottes Wort hören will, der lausche den Worten Seiner Auserwählten. 56

O Sohn des Staubes!
Hab acht! Verkehre nicht mit dem Frevler und suche nicht seine Gesellschaft, denn solcher Umgang verwandelt den Glanz des Herzens in das Feuer der Hölle. 57

O Sohn Meiner Magd!
Suchst du die Gnade des Heiligen Geistes, so pflege Gemeinschaft mit dem Gerechten, denn er trinkt den Kelch ewigen Lebens aus der Hand des unsterblichen Mundschenks, und gleich dem wahren Morgen erleuchtet und belebt er die Herzen der Toten. 58

O ihr Achtlosen!
Wähnt nicht, die Geheimnisse eures Herzens seien verborgen, nein, wisset vielmehr mit Gewißheit, daß sie in deutlichen Zeichen eingemeißelt und in der heiligen Gegenwart offenbar sind. 59

O Freunde!
Wahrlich, Ich sage: Alles, was ihr in eurem Herzen verbergt, ist Uns unverhüllt und offenbar wie der Tag. Daß es verborgen blieb, ist Unsere Gnade und Gunst, nicht euer Verdienst. 60

O Sohn des Menschen!
Einen Tautropfen aus dem unerschöpflichen Meer Meines Erbarmens ließ Ich auf die Erdenvölker fallen, fand indes keinen, der ihn beachtet hätte, weil ein jeder, den himmlischen Wein der Einheit fliehend, faulem Schmutz und Abschaum zugewandt ist und, mit dem sterblichen Becher zufrieden, den Kelch unsterblicher Schönheit verschmäht. Erbärmlich ist, womit man sich zufrieden gibt. 61

O Sohn des Staubes!
Wende deine Augen nicht ab von dem unvergleichlichen Wein des unsterblichen Geliebten und öffne sie nicht dem faulen, sterblichen Bodensatz. Nimm aus den Händen des göttlichen Mundschenks den Kelch unsterblichen Lebens, damit alle Weisheit dein sei und du die mystische Stimme aus dem Reich des Unsichtbaren rufen hörst. Laßt vernehmen, die ihr niedrigen Zielen zustrebt! Warum zieht ihr vergängliches Wasser Meinem heiligen, unvergänglichen Weine vor? 62

O ihr Völker der Welt!
Wisset wahrlich, daß unerwartetes Unheil euch verfolgt und schmerzliche Vergeltung eurer harrt. Wähnt nicht, vor Meinem Angesicht sei getilgt, was ihr begangen. Bei Meiner Schönheit! Alle eure Taten hat Meine Feder mit klaren Lettern auf Tafeln von Chrysolith gemeißelt. 63

O ihr Unterdrücker auf Erden!
Hütet euch wohl vor Tyrannei, denn Ich habe gelobt, keines Menschen Unrecht zu vergeben. Dies ist Mein Bund, den Ich auf der verwahrten Tafel unwiderruflich beschlossen und mit Meinem Siegel der Herrlichkeit besiegelt habe. 64

O ihr Empörer!
Meine Geduld hat euch dreist gemacht; Meine Langmut ließ euch gleichgültig werden; so jagt ihr nun dahin auf dem feurigen Roß der Leidenschaft, auf gefährlichen Wegen, die ins Verderben führen. Wähnt ihr Mich gleichgültig oder achtlos? 65

O ihr Auswanderer!
Die Sprache bestimmte Ich zu Meinem Gedenken, besudelt sie nicht mit übler Nachrede. Übermannt euch das Feuer des Selbstes, so gedenkt eurer eigenen Fehler und nicht der Fehler Meiner Geschöpfe; denn ein jeder kennt sich selbst besser als den anderen. 66

O ihr Kinder des Wahns!
Wisset wahrlich: Mit dem Anbruch dieses leuchtenden Morgens am Horizonte ewiger Heiligkeit werden die teuflischen Heimlichkeiten und Taten, begangen im Dunkel der Nacht, vor den Völkern dieser Welt aufgedeckt und offenbar. 67

O Halm, der aus dem Staube sprießt!
Wie kommt es, daß du mit schmutzigen Händen dein Gewand nicht berührst? Und warum suchest du mit einem Herzen voll Lust und Gier Gemeinschaft mit Mir und Eintritt in Mein heiliges Reich? Fern bist du dem, was du wünschet! 68

O Kinder Adams!
Heilige Worte und reine, treffliche Taten steigen empor in das Reich himmlischen Ruhms. Strebt, daß eure Werke vom Staub der Selbstsucht und Heuchelei geläutert und am Hof der Herrlichkeit angenommen werden; denn bald werden die Prüfer der Menschheit in der heiligen Gegenwart des Angebeteten nur noch wahre Tugend und makellos reine Werke annehmen. So strahlt die Sonne der Weisheit und des göttlichen Geheimnisses am Horizont des göttlichen Willens. Selig, wer sich ihr zukehrt. 69

O Sohn der Weltlichkeit!
Schön sind die Gefilde wahren Seins, o daß du zu ihnen gelangtest! Herrlich ist das Reich der Ewigkeit, o daß du dich über diese sterbliche Welt erhöbest! Süß ist die heilige Verzückung, wenn du vom mystischen Kelch aus den Händen des himmlischen Jünglings trinkst. So du diese Stufe erreichst, bist du erlöst von Vernichtung und Tod, von Mühsal und Sünde. 70

O Meine Freunde!
Gedenket des Bundes, den ihr mit Mir auf dem Berge Párán im heiligen Bereich von Zamán schlosset. Die himmlischen Heerscharen und die Bewohner der Stadt der Ewigkeit habe Ich zu Zeugen genommen, doch finde Ich jetzt keinen, der dem Bunde treu blieb. Sicherlich haben Stolz und Aufruhr ihn so aus den Herzen getilgt, daß keine Spur davon verblieb. Obwohl Ich dies wußte, habe Ich gewartet und nichts enthüllt. 71

O Mein Diener!
Du gleichst einem wohlgeschmiedeten Schwert, das im Dunkel der Scheide verhüllt seinen Wert vor dem Kundigen verbirgt. So komm hervor aus der Scheide des Ichs und der Begierde, damit dein Wert vor aller Welt blitze und blinke. 72

O Mein Freund!
Du bist die Sonne am Himmel Meiner Heiligkeit. Verdunkle nicht deinen Glanz mit dem Schmutz der Welt. Zerreiße den Schleier der Achtlosigkeit, strahle auf aus den Wolken und kleide alle Dinge in das Prachtgewand des Lebens. 73

O Kinder der Eitelkeit!
Vergänglicher Herrschaft willen verzichtet ihr auf Mein unvergängliches Reich. Ihr schmückt euch mit der Welt buntem Tand und brüstet euch dessen. Bei Meiner Schönheit! Alle werde Ich unter der grauen Decke des Staubes versammeln und der Farben Vielfalt tilgen, außer bei denen, die Meine Farbe wählen, welche heiligt von aller Farbe. 74

O Kinder der Achtlosigkeit!
Hängt nicht euer Herz an eine Herrschaft, die vergeht, und freut euch ihrer nicht. Ihr gleicht dem achtlosen Vogel, der unbekümmert in den Zweigen zwitschert, bis ihn der Vogelfänger Tod plötzlich in den Staub wirft. Lied, Gestalt und Farbe sind dahin, ohne eine Spur zu hinterlassen. Habt darum acht, o Knechte der Begierde! 75

O Sohn Meiner Magd!
Früher wurde durch Worte geführt, nun aber sollen Taten uns leiten. Vom Menschen müssen heilige Taten ausgehen. Worte sind allen gemein, reine, heilige Taten sind nur Unseren Geliebten eigen. Darum strebt mit ganzer Seele, euch durch Taten auszuzeichnen. Solches raten Wir euch auf dieser heiligen, strahlenden Tafel. 76

O Sohn der Gerechtigkeit!
Zur Nachtzeit begab sich die Unsterbliche Schönheit von der smaragdenen Höhe der Treue zum Sidratu'l-Muntahá* und weinte so bitterlich, daß die himmlischen Heerscharen und die Bewohner der Reiche droben in Sein Klagen einstimmten. Nach dem Grund des Klagens und Weinens befragt, gab Er zur Antwort: Wie geheißen, weilte Ich erwartungsvoll auf dem Hügel der Treue, doch atmete Ich von denen, die auf Erden wohnen, nicht den Duft der Treue. Alsdann zur Rückkehr gerufen, gewahrte Ich etliche Tauben der Heiligkeit schmerzlich gequält in den Klauen

irdischer Hunde. Daraufhin eilte die Himmelsdienerin entschleiert und leuchtend aus ihrer mystischen Wohnstatt und fragte nach ihren Namen, und alle wurden genannt bis auf einen. Als auf dringendes Bitten der erste Buchstabe erklang, strömten die Bewohner der himmlischen Gemächer von ihrem Wohnsitz der Herrlichkeit herbei. Und da der zweite Buchstabe verkündet ward, fielen sie allesamt nieder in den Staub. Da erscholl ein Ruf aus dem innersten Heiligtum: „Bis hierher und nicht weiter!“ Wahrlich, Wir bezeugen, was sie getan haben und noch immer tun. 77

*vgl. Qur'án 53:9,14

O Sohn Meiner Magd!

Trinke von den Lippen des Barmherzigen den Strom des göttlichen Geheimnisses und schaue im Morgenrot göttlicher Rede der Weisheit Sonne in entschleiertem Glanz. Säe die Saaten Meiner göttlichen Weisheit in des Herzens reinen Grund und tränke sie mit den Wassern der Gewißheit, damit die Hyazinthen des Wissens und der Weisheit frisch und grün in der heiligen Stadt des Herzens aufsprießen. 78

O Sohn der Lust!
Wie lange noch willst du schweben in den Sphären der Lust? Schwingen gab Ich dir, in die Reiche mystischer Heiligkeit zu fliegen, nicht in die Gefilde teuflischen Trugs. Einen Kamm gab Ich dir, Meine schwarzen Locken zu kämmen, und nicht damit Meine Kehle zu zerfleischen. 79

O Meine Diener!
Ihr seid die Bäume Meines Gartens. Ihr müßt edle, köstliche Früchte tragen, euch und anderen zum Nutzen. Darum soll sich jeder einem Gewerbe oder einem Beruf widmen, denn darin liegt das Geheimnis des Wohlstandes, o ihr Einsichtigen! Der Erfolg hängt von den Mitteln ab, und Gottes Gnade soll euch allgenügend sein. Bäume, die keine Frucht tragen, waren seit je fürs Feuer bestimmt und werden es allezeit sein. 80

O Mein Diener!
Am verächtlichsten ist, wer keine Frucht bringt auf Erden. Solche Menschen werden wahrlich zu den Toten gezählt, ja, die Toten sind besser vor Gott als diese trägen, nichtsnutzigen Seelen. 81

O Meine Diener!
Die besten Menschen sind jene, die sich den Unterhalt durch ihren Beruf verdienen und ihn für sich und ihre Angehörigen verwenden in der Liebe zu Gott, dem Herrn aller Welten. 82

Die mystische, wundersame Braut, zuvor hinter dem Schleier der Rede verborgen, ist nun durch Gottes Gnade und Seine göttliche Gunst offenbart, dem strahlenden Lichte gleich, das von des Geliebten Schönheit ausgeht. Ich bezeuge, o Freunde: Die Gunst ist erwiesen, der Sinn erfüllt, der Beweis erbracht, das Zeugnis abgelegt. Laßt nun sehen, was euer Mühen auf dem Pfade der Loslösung erbringt. So wurde die göttliche Gunst euch und allen im Himmel und auf Erden in vollem Maße gewährt. Aller Lobpreis sei Gott, dem Herrn aller Welten!